Haydn Mozart
Beethoven
Heller Novák

Sonatinen und Rondos
Sonatines et Rondeaux

II

Piano

rev. V. Kurz

Editio Bärenreiter Praha

Haydn Jos., Sonáta C dur	3
Mozart W. A., Sonáta C dur	12
Mozart W. A., Fantazie d moll	20
Beethoven L. v., op. 49, č. 2. Sonatina G dur	24
Beethoven L. v., op. 49, č. 1. Sonatina g moll	31
Beethoven L. v., Variace „Nel cor più" G dur	38
Beethoven L. v., 6 snadných variací G dur	44
Beethoven L. v., op. 51, č. 1. Rondo C dur	50
Beethoven L. v., Klavírní skladba „Pro Elišku" a moll	57
Heller St., Prélude op. 119, č. 18. F dur	60
Heller St., Prélude op. 81, č. 23. F dur	61
Novák Vít., op. 54, č. 1. Sonatina jarní C dur	63

© 2008 Editio Bärenreiter Praha
ISMN 979-0-2601-0432-7

Pořizování jakýchkoli kopií je podle zákona zakázáno.
Vervielfältigungen jeglicher Art sind gesetzlich verboten.
Any unauthorized reproduction is prohibited by law.

Sonáta

Jos. Haydn (1732—1809)

FINALE
Allegro

Sonáta

W. A. Mozart (1756—1791)

14

15

Fantazie

W. A. Mozart

Sonatina

L. van Beethoven, op. 49, č. 2
(1770—1827)

Sonatina

L. van Beethoven, op. 49. č. 1

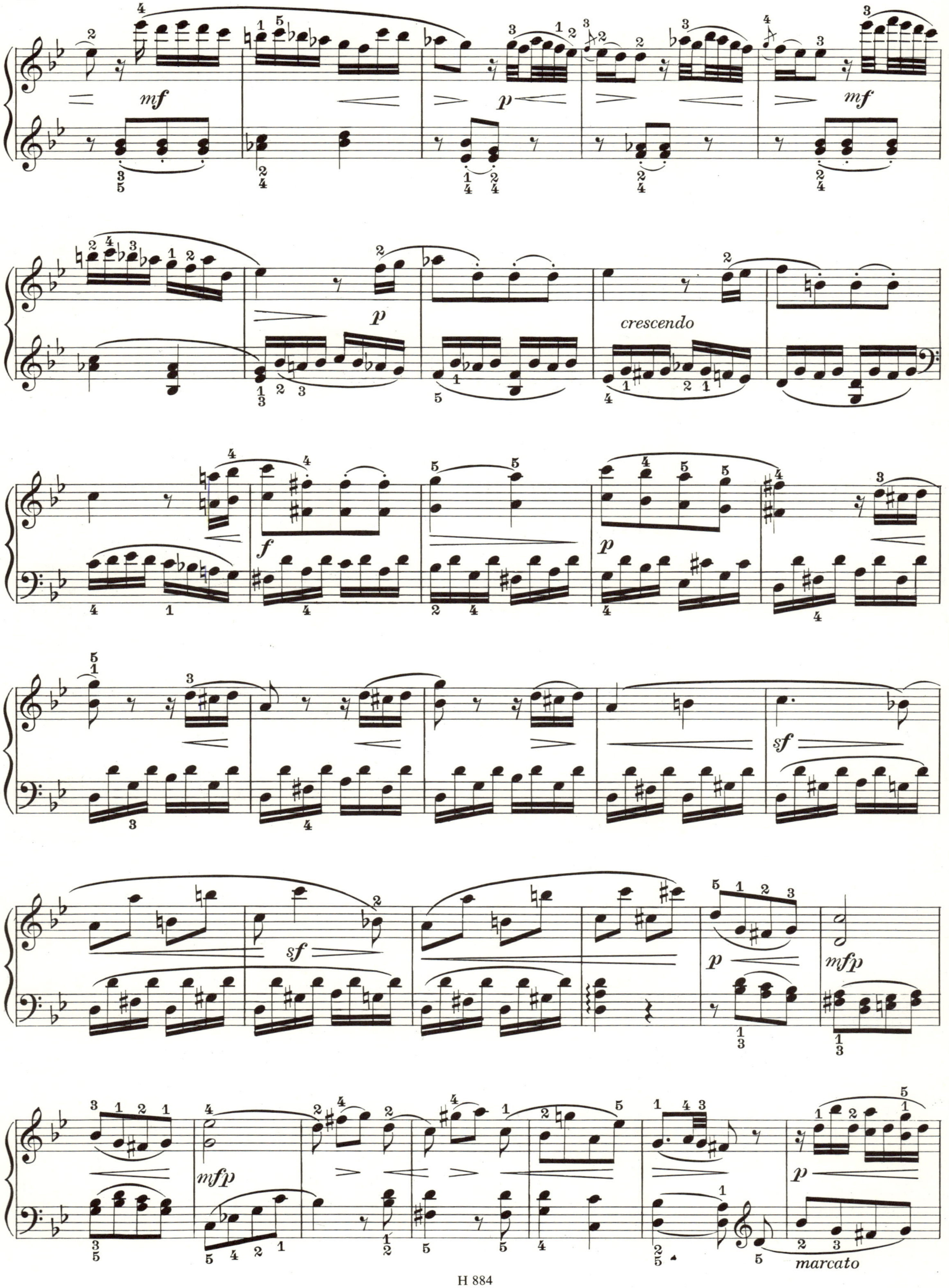
mf
p
mf
p
crescendo
f
p
sf
sf
p
mfp
mfp
p
marcato

36

37

Šest variací
(Paisiello: „Nel cor più non mi sento".)

L. van Beethoven

VAR. II.

VAR. III.
Un poco animato

VAR. IV.
Minore
con espressione

Più lento
Tempo I.
fp
pp
VAR. V.
Maggiore
p
crescendo
f
p
mf
crescendo
f

VAR. VI.
Più animato quasi Allegretto

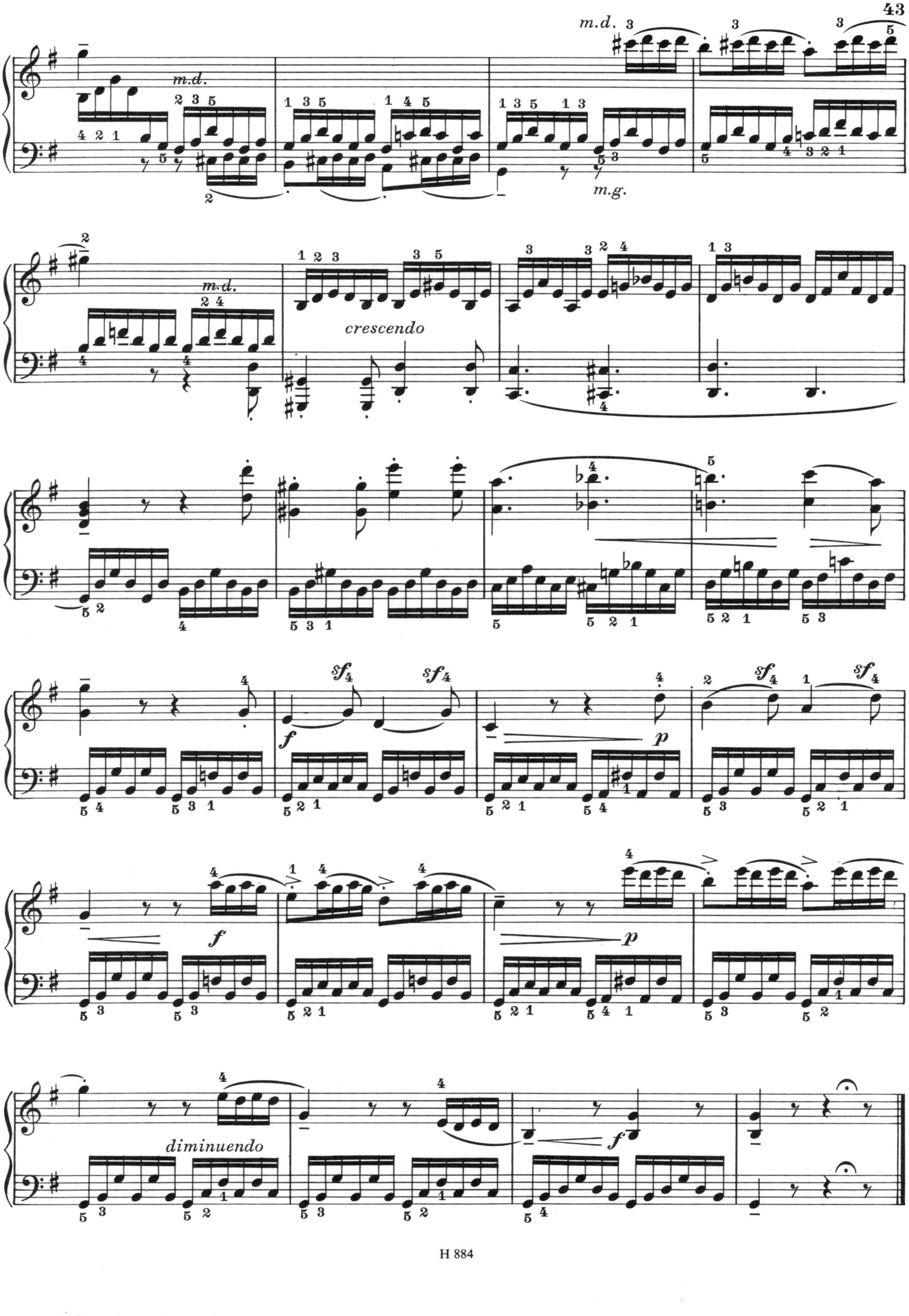
m.d.
m.g.
crescendo
diminuendo

Šest snadných variací

L. van Beethoven

THEMA
Andante quasi Allegretto

VAR. I.

VAR. II.

VAR. III.

VAR. IV.
Minore *Poco sostenuto.*

a)

VAR. V.
Maggiore

VAR. VI.

49

Rondo
(C-dur)

L. van Beethoven, op. 51. č. 1

Moderato e grazioso

21. *p dolce*

legato

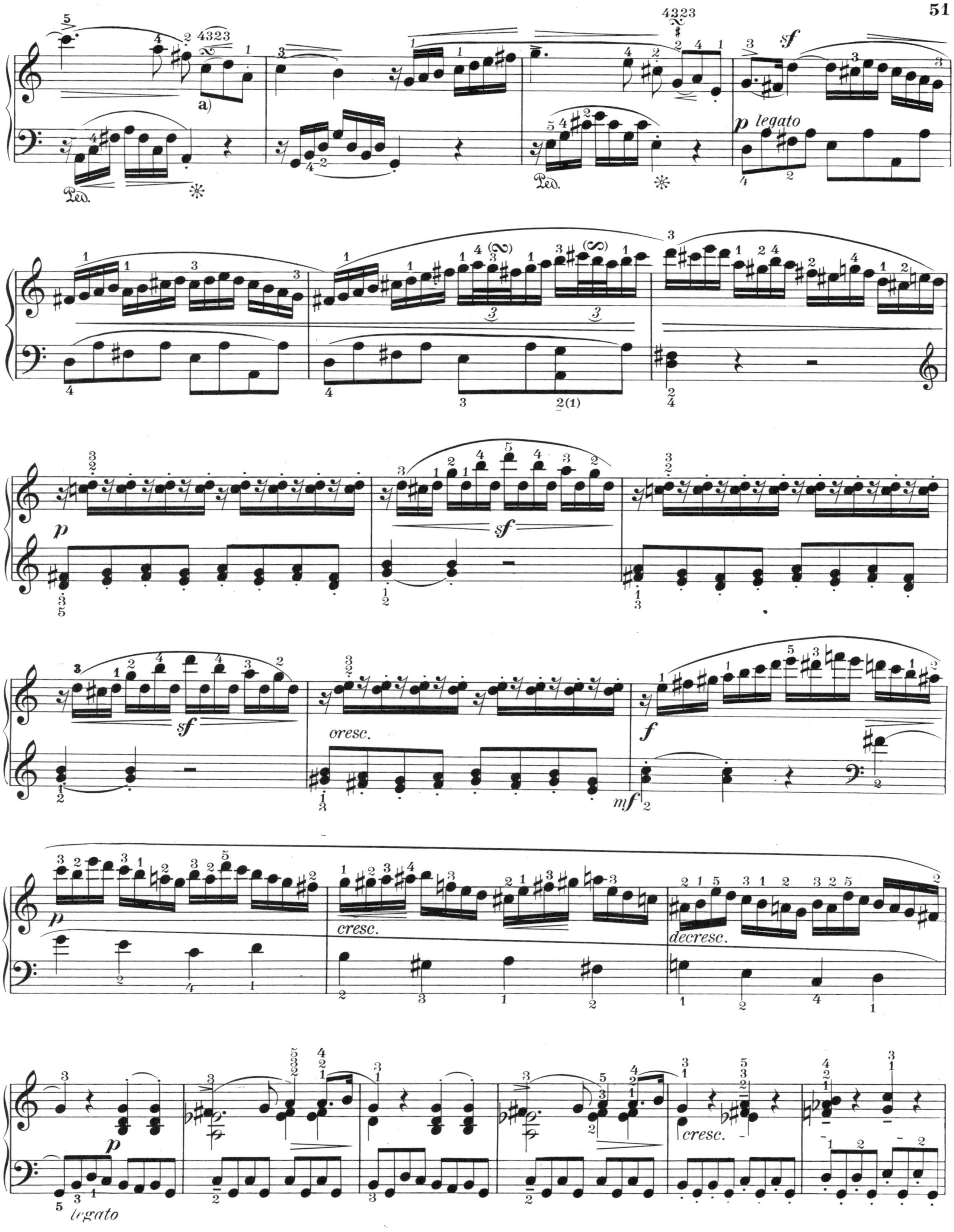
a)
Ped.
p legato
sf
p
sf
cresc.
f
mf
p
cresc.
decresc.
legato
a)

52

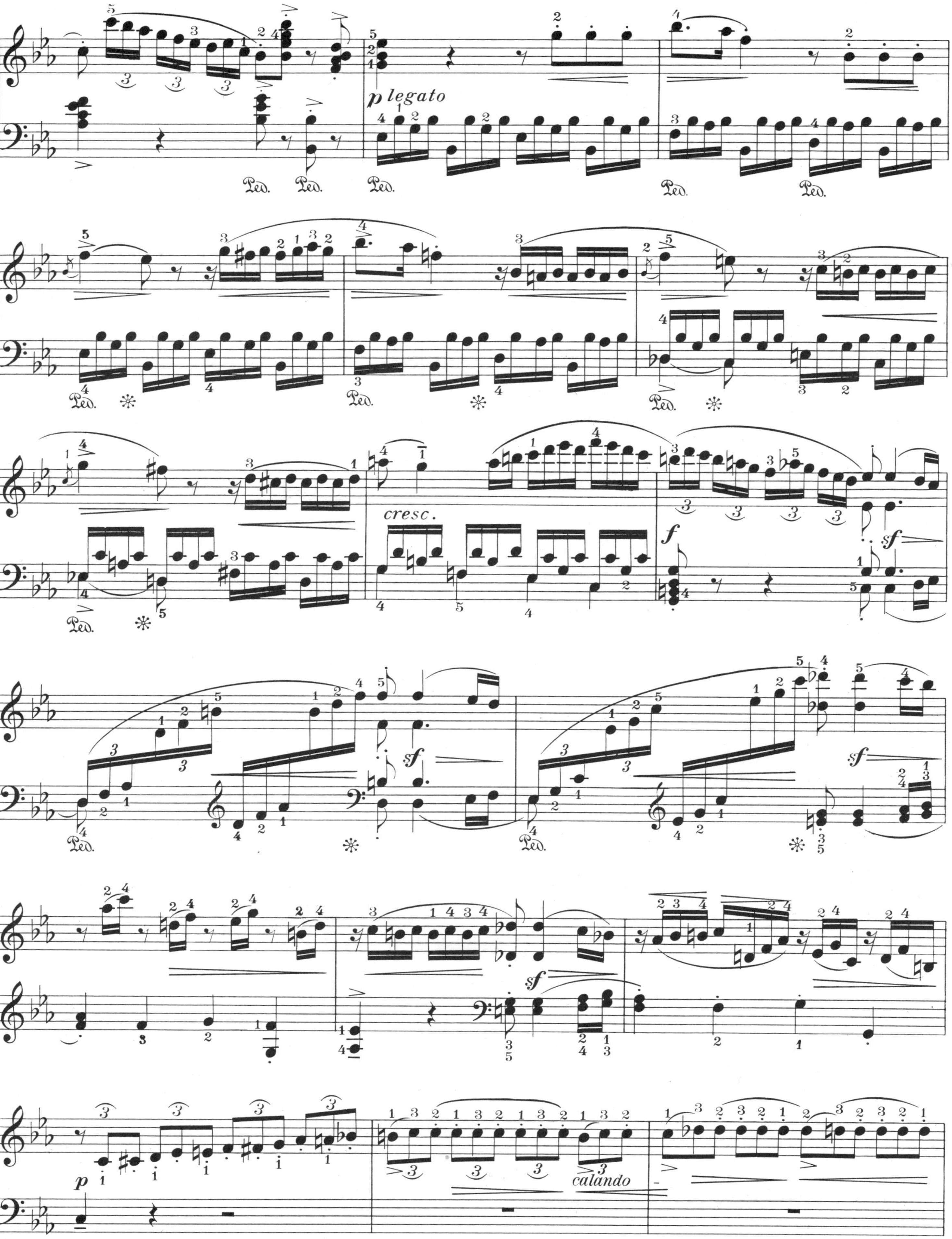
p legato
cresc.
calando

54

55

sfp
Ped.
f
fp
mp
p
legato
marcato
sf
crescendo
poco rit.
cresc.
ff

Klavírní skladba „Pro Elišku"

L. van Beethoven

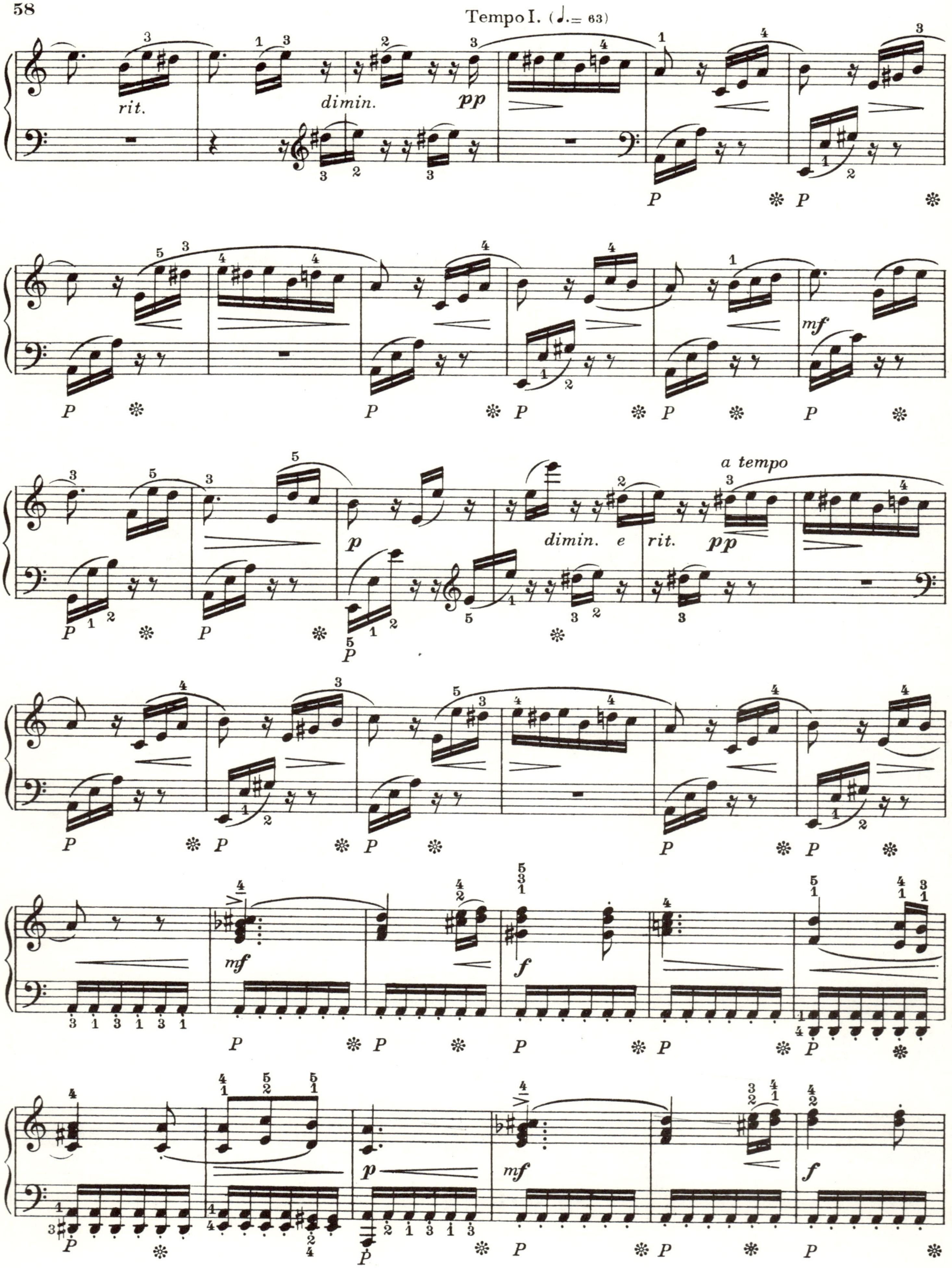
Tempo I. (♩. = 63)
rit.
dimin.
pp
a tempo
dimin. e rit.
pp
mf
f
p

59

Prélude

St. Heller, op. 119. č. 18
(1813—1888)

Allegretto con grazia

23.

Prélude

St. Heller, op. 81. č. 23

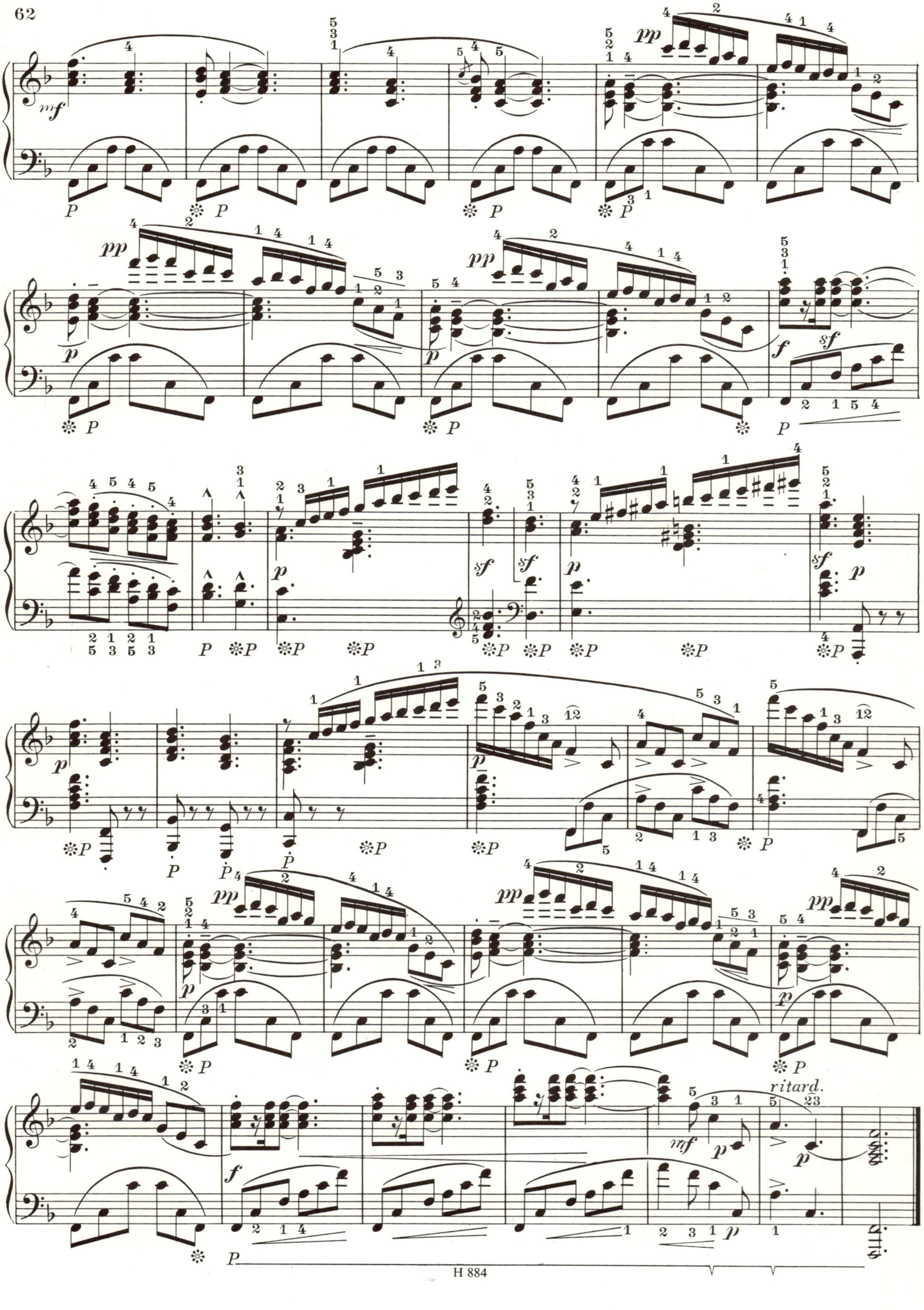
ritard.

Sonatina jarní
Sonatine printanière

"Skřivánek vzlétl do oblak a jásá"
L'alouette

Allegro molto moderato (♩ = 80)

Vítězslav Novák, op. 54. č. 1
(1870—1949)

25.

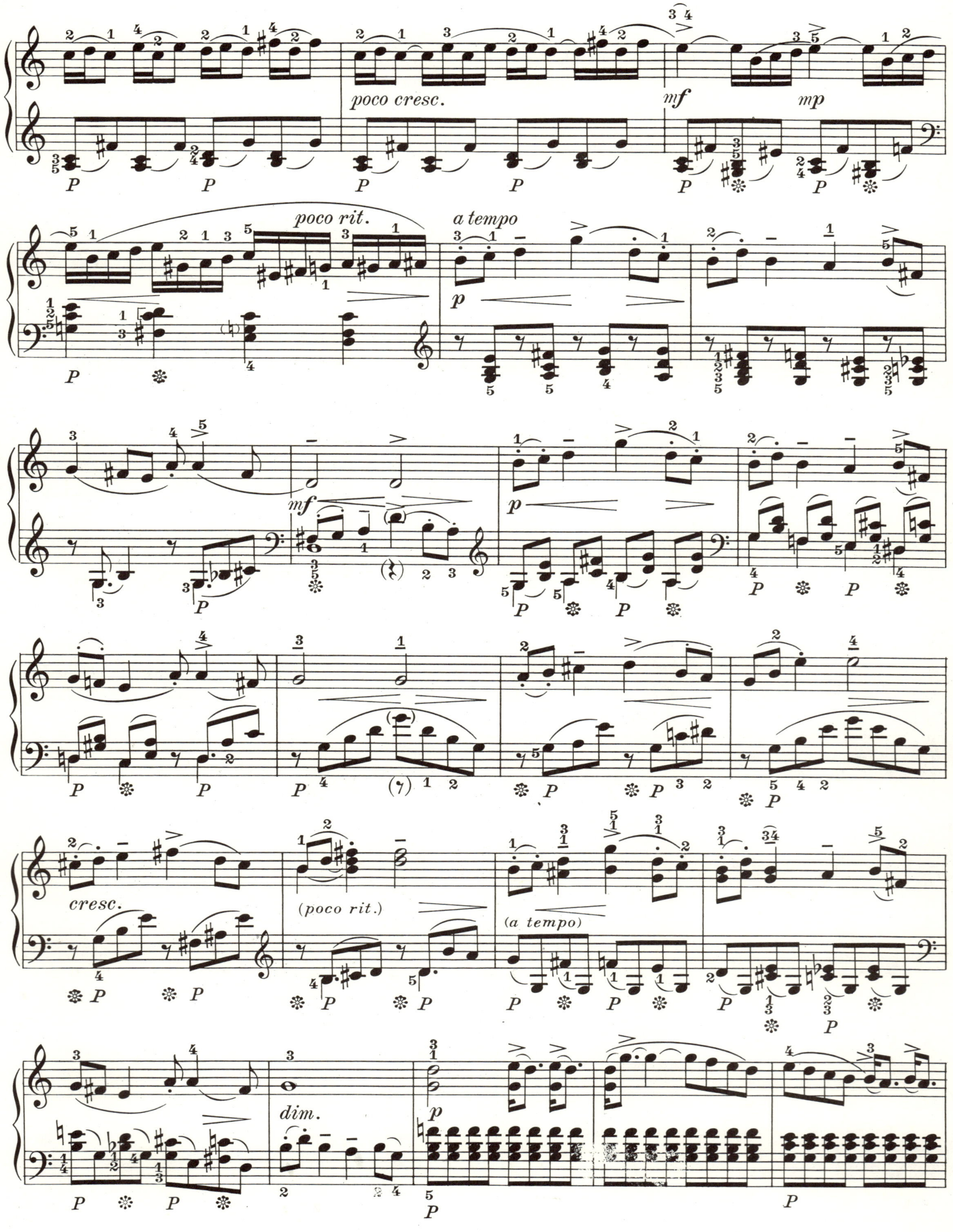
poco cresc.
mf
mp
poco rit.
a tempo
cresc.
(poco rit.)
(a tempo)
dim.

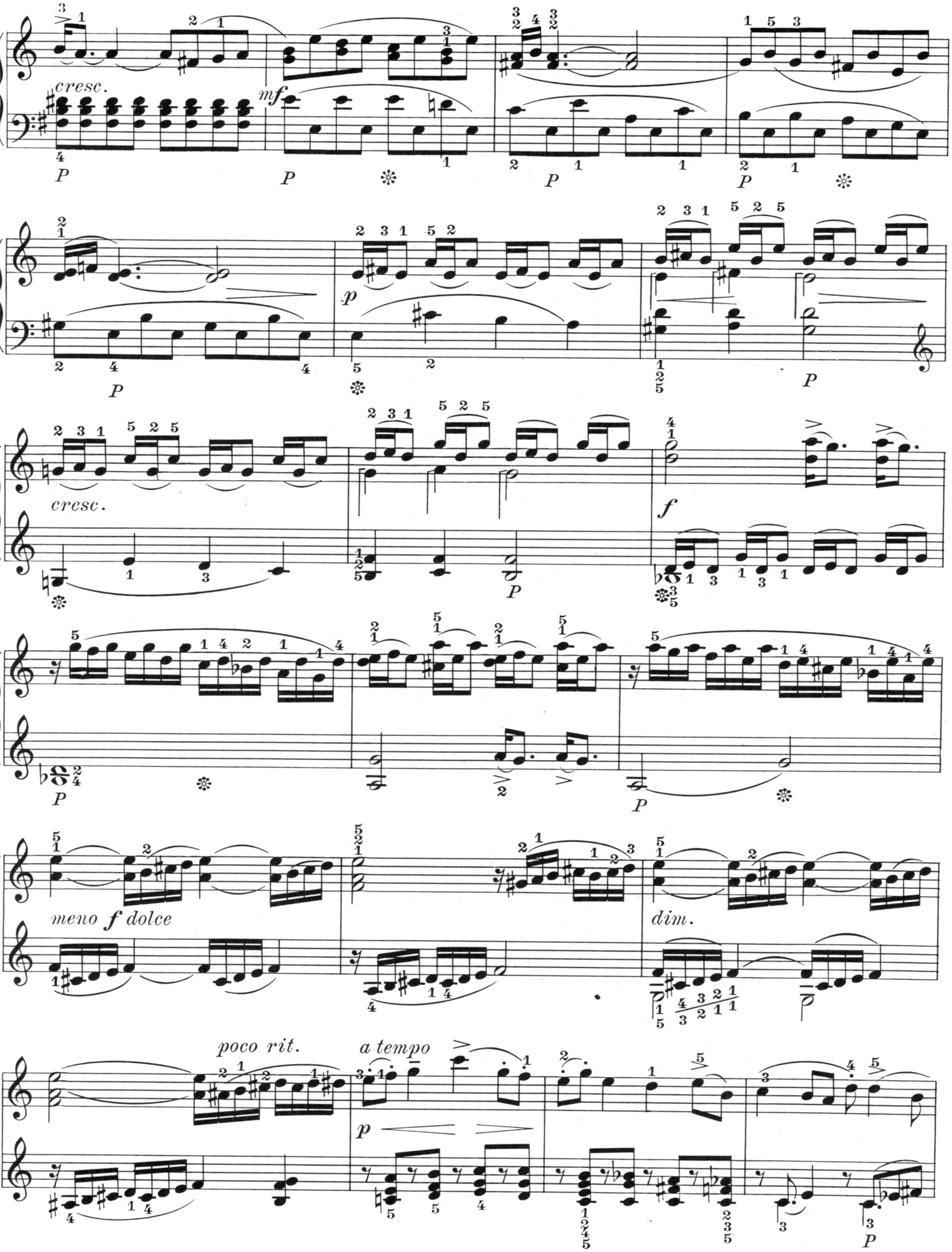
cresc.
mf
cresc.
f
meno f dolce
dim.
poco rit.
a tempo

mf
p
cresc.
(poco rit.)
(a tempo)
dim.
p
espress.
espress.
ritard.
dolce
P simile
p poco cresc. p

Pozdrav lesa
La forêt

68

Veselá společnost
Joyeuse compagnie

Allegretto giocoso (♩= 112)

Vivo (♩ = 132)
sf stringendo
sf
Ped.
f
poco ritard.
dimin.
a tempo
mf
non legato e ben ritmico
cresc.
mp

ritard.
Tempo I.
poco sostenuto
mf stacc.
senza Ped.
sf
a tempo
non legato
poco sosten.
Ped.
a tempo
dim. e rit.
p a tempo
poco sf
simile
cresc.
f

cresc.
dim.
ritard.
poco a poco
Tempo I. come sopra
poco sostenuto
mf stacc.
senza Ped.
a tempo
non legato
poco sostenuto
a tempo
string.
Vivo

marc.
marc.
Più mosso.
non legato
dim.
dim.
più p
poco ritard.
cresc. molto
senza Ped.
Risoluto.